CONCLUSIONS

POUR

1° M. Georges-Alfred DORNIER;

2° Mlle DORNIER;

3° Mme veuve BILLARDET;

4° Mme DURUY et M. DURUY pour la validité;

5° Et M. ADHÉMAR-DORNIER

Appelants   BAILLY.

CONTRE

M. & Mme LALANNE

Intimés   DELASTRE.

PLAISE A LA COUR :

Statuant sur l'appel interjeté par les consorts Dornier du jugement du Tribunal civil de la Seine du 24 juin 1874 :

Attendu que M. Jean-Charles dit Alfred Dornier, propriétaire, domicilié au château de Beauplan, commune de Saint-Remy-lès-Chevreuse, arrondissement de Rambouillet (Seine-et-Oise), est décédé à Paris, le 3 avril 1871;

Attendu que Mme Félicie-Caroline Lardier, épouse de M. Lalanne, se prétendant fille adoptive de M. Jean-Charles dit Alfred Dornier, s'est présentée comme seule héritière de ce dernier et qu'elle a justifié d'un acte passé devant M. le juge de paix du IX⁰ arrondissement de Paris, le 28 décembre 1867, homologué par jugement du Tribunal civil de la Seine en date du 25 janvier 1868, confirmé par arrêt de la Cour d'appel de Paris en date du 14 mars 1868, aux termes duquel elle avait été adoptée par M. Jean-Charles Dornier;

Attendu que MM. Georges-Alfred Dornier, Adhémar Dornier, Mlle Alexandrine Dornier, Mmes Billardet et Duruy, tous neveux et nièces de M. Jean-Charles dit Alfred Dornier et habiles à se porter ses héritiers, ont formé contre Mme Lalanne une demande en nullité de l'acte d'adoption invoqué par elle;

Qu'ils ont fondé leur demande principalement sur le motif : que la déclaration d'adoption faite devant M. le juge de paix du IX⁰ arrondissement de Paris avait été reçue par un juge de paix incompétent, parce qu'il n'était pas celui du lieu où M. Jean-Charles dit Alfred Dornier avait son domicile, ce qui constituait une nullité absolue et d'ordre public ;

Attendu que sur cette demande est intervenu, le 24 juin 1874, un jugement rendu par le Tribunal civil de la Seine, lequel a déclaré MM. Dornier et consorts mal fondés dans leur demande et les en a déboutés ;

Que MM. et Mlle Dornier, Mmes Billardet et Duruy ont régulièrement interjeté appel de ce jugement et demandent à la Cour d'en prononcer la réformation.

§

Attendu, en droit, que l'adoption faite dans un autre lieu que celui où l'adoptant a son domicile réel est entachée d'une nullité absolue et d'ordre public ;

Qu'en effet, l'article 353 du Code civil prescrit que l'adoptant et l'adopté se présentent devant le *juge de paix du domicile de l'adoptant* pour y passer acte de leurs consentements respectifs ;

Que l'article 345 exige que l'acte d'adoption soit soumis à l'homologation du tribunal de première instance *dans le ressort duquel se trouve le domicile de l'adoptant ;*

Qu'aux termes de l'article 359, l'adoption doit être inscrite sur le registre de l'état civil *du lieu où l'adoptant est domicilié;*

Que ces dispositions impératives des articles 353, 354 et 359 du Code civil ont pour but d'assurer l'exécution sincère et sans fraude des articles 355 et 357 qui prescrivent au tribunal et à la cour chargés d'homologuer l'acte d'adoption de vérifier si la personne qui se propose d'adopter jouit d'une bonne réputation, et rattachent directement l'acte d'adoption au domicile de l'adoptant ;

Attendu que le domicile exigé par l'article 353 du Code civil pour la validité de l'adoption n'est autre que celui défini par l'article 102 du même code;

Que l'acte d'adoption ne saurait être fait dans une commune où l'adoptant aurait une résidence avec installation plus ou moins complète, où il serait appelé par des affections, des plaisirs ou des intérêts, et où il pourrait accidentellement prolonger ses séjours, s'il avait, d'ailleurs, dans une autre commune son principal établissement avec tous les caractères qui constituent le domicile légal;

Que, pour satisfaire au vœu de la loi, l'adoption ne peut être faite que dans un seul lieu, dans celui où l'adoptant possède le domicile de droit.

§

Attendu, en fait, que M. Jean-Charles dit Alfred Dornier, né dans le département de la Haute-Saône, d'une famille dont les membres sont pour la plupart restés au lieu d'origine, est venu habiter à Paris dans sa jeunesse, mais qu'il ne s'y est pas marié, qu'il n'y a jamais exercé aucune profession et qu'il n'y a rempli aucune fonction;

Qu'après avoir habité à Paris dans différents quartiers, il est allé en 1846 se fixer dans la commune de Grenelle, où il a demeuré pendant quatre ans;

Attendu qu'en 1850 M. Jean-Charles dit Alfred Dornier, ayant acheté le château de Beauplan, dans la commune de Saint-Remy-lès-Chevreuse, arrondissement de Rambouillet (Seine-et-Oise), il y transporta sa résidence et y établit son domicile;

Qu'en effet, à partir de cette époque jusqu'à son décès, M. Dornier n'a jamais cessé d'habiter le château de Beauplan, où il résidait toute l'année, en hiver comme en été, où il avait l'installation que comportait sa fortune, avec de nombreux domestiques, et où il recevait ses amis;

Qu'à Paris il n'avait qu'un simple pied-à-terre, dans un modeste appartement dépendant d'une maison dont il était propriétaire, rue Caumartin;

Qu'il n'avait dans cet appartement qu'un mobilier très-simple, sans batterie de cuisine, sans vaisselle, sans provisions de ménage;

Qu'il n'y faisait habiter et n'y amenait aucun serviteur;

Qu'il n'y faisait que de très-courts séjours lorsqu'il était appelé à Paris par ses intérêts, et qu'alors il se faisait servir par ses concierges et allait prendre ses repas au restaurant;

Attendu qu'en 1868 M. Dornier se rendit acquéreur de deux maisons situées à Paris, rue Pasquier, n°° 31 et 37 ;

Qu'au bout de quelques mois il revendit l'une des deux maisons et que l'autre fut habitée par les époux Lalanne jusqu'au milieu de l'année 1869 ;

Qu'après le départ des époux Lalanne M. Dornier fit apporter quelques meubles dans cette maison, où il vint descendre pendant les courts séjours qu'il faisait à Paris, sans rien changer au genre de vie qu'il avait adopté rue Caumartin ;

Qu'à la même époque M. Dornier vendit la maison dont il était propropriétaire, rue Caumartin, n. 28, mais qu'il prit soin, en l'aliénant, de se réserver la jouissance du petit appartement où il avait l'habitude de descendre lorsqu'il venait à Paris ;

Que cette circonstance démontre que les deux maisons rue Pasquier avaient été achetées par M. Dornier, non pas pour en faire son habitation définitive, mais dans un but de spéculation, et qu'après avoir revendu la plus importante peu de mois après l'avoir achetée, il attendait pour aliéner la seconde qu'une occasion favorable se présentât ;

Attendu que, depuis 1850 jusqu'à son décès, M. Dornier n'a pas cessé de remplir à Saint-Remy-lès-Chevreuse, dans l'arrondissement de Rambouillet et dans le département de Seine-et-Oise, tous les actes de la vie civile et politique ;

Que c'était dans la commune de Saint-Remy-les-Chevreuse qu'il acquittait l'impôt personnel, qui, aux termes de la loi, ne doit être payé que dans la commune où le citoyen possède son domicile réel ;

Qu'il a été porté en 1860 sur la liste du jury dans cette commune ;

Qu'il y a été compris pour le recensement en 1866 ;

Qu'il était inscrit sur la liste des électeurs de la commune de Saint-

Remy-lès-Chevreuse, tant pour les élections municipales que pour les élections des conseils d'arrondissement et de département, et pour les élections des députés au Corps législatif;

Qu'il a constamment exercé ses droits politiques dans la commune de Saint-Remy-lès-Chevreuse et qu'il a fait partie du conseil municipal de cette commune de 1865 à 1869;

Attendu que depuis 1850 M. Dornier n'a pas cessé de prendre son domicicile au château de Beauplan, soit dans les actes notariés qu'il a passés, soit dans les actes judiciaires ou extra-judiciaires signifiés à sa requête;

Que c'est également à Beauplan que lui ont été faites toutes les significations d'actes d'huissier relatifs aux nombreuses contestations judiciaires où il a été engagé, soit en demandant, soit en défendant, et notamment à celles qui se sont prolongées pendant plusieurs années entre lui et divers membres de la famille;

§

Attendu qu'à ces preuves incontestables de la fixation du domicile réel de M. Dornier au château de Beauplan, dans la commune de Saint-Remy-lès-Chevreuse, de 1850 à son décès, les intéressés opposent divers documents et diverses circonstances de fait au moyen desquels ils voudraient établir que le domicile de M. Dornier aurait été transféré à Paris depuis 1866;

Attendu qu'ils produisent quelques actes de procédure, en petit nombre, il est vrai, dans lesquels M. Dornier est désigné comme demeurant à Paris, rue Caumartin, n° 28;

Mais que ces actes isolés, et qui la plupart sont relatifs à la propriété même de M. Dornier, située à Paris, rue Caumartin, n° 28, ne sauraient prévaloir contre les actes si nombreux qui seront produits à la Cour et où le domicile de M. Dornier est toujours indiqué à Beauplan avant comme après l'année 1866;

Attendu que les intimés essayent de se prévaloir de cette circonstance, qu'en 1866 M. Dornier a fait à la mairie de Saint-Remy-lès-Chevreuse la déclaration qu'il entendait transférer à Paris son domicile politique, et qu'il s'est fait inscrire à Paris sur les listes électorales du 9ᵉ arrondissement;

Mais attendu que la déclaration de la volonté de transférer son domicile politique dans une autre commune que celle qu'on habite ne peut pas équivaloir à la déclaration exigée par l'article 104 du Code civil pour établir la preuve du changement de domicile civil;

Qu'il faut, au contraire, inférer d'une déclaration ainsi limitée à l'exercice des droits politiques que l'habitant qui la fait dans sa commune entend manifester l'intention de ne changer que son domicile politique et de conserver son domicile civil dans la commune où il continue à résider;

Que l'on ne comprendrait pas pourquoi, si M. Dornier avait voulu transférer son domicile réel à Paris, il n'en aurait pas fait la déclaration à la mairie de Saint-Rémy, en même temps et par le même acte où il déclarait vouloir désormais avoir à Paris son domicile politique ;

Que d'ailleurs cette déclaration ne peut être considérée que comme le résultat d'un caprice (à moins qu'elle n'ait servi à la préparation de la fraude à la loi, au moyen de laquelle l'adoption de Mᵐᵉ Lalanne par M. Dornier a été faite à Paris), puisque M. Dornier n'a pas donné suite à l'intention qu'il avait manifestée de transférer à Paris son domicile politique, qu'il n'a pas voté à Paris, qu'il a continué à figurer sur la liste des électeurs de la commune de Saint-Remy-lès-Chevreuse et qu'il a, jusqu'à la fin, rempli dans cette commune les devoirs électoraux ;

Attendu que les intimés relèvent ce fait que M. Dornier aurait acheté un hôtel rue Pasquier ;

***

— 8 —

Attendu, en effet, que M. Dornier a acheté, en 1868, deux maisons, rue Pasquier, à Paris ;

Mais qu'il a presque immédiatement revendu l'une des deux et que dans celle qu'il a conservé il n'a fait aucune appropriation comportant une installation fixe et définitive ;

Attendu, enfin, que les intimés font remarquer qu'en 1866 M. Dornier a acheté dans le cimetière du Nord, à Paris, un terrain destiné à sa sépulture ;

Attendu que cette acquisition, qu'expliquent les dispositions des divers testaments de M. Dornier, ne peut pas servir à établir la volonté qu'on lui attribue de transférer son domicile du château de Beauplan à Paris ;

§

Attendu que le jugement dont est appel se fonde pour repousser la demande des consorts Dornier, sur cette considération qu'il n'aurait pas été contesté que de 1834 à 1850, époque à laquelle M. Dornier avait acheté le château de Beauplan, il avait eu son domicile à Paris, qu'il incombait donc aux demandeurs d'établir qu'en 1850 et depuis M. Dornier avait de fait et d'intention transporté son domicile de Paris dans la commune de Saint-Remy-lès-Chevreuse et qu'ils ne rapportaient pas cette preuve ;

Attendu que c'est par erreur qu'il est dit dans le jugement que M. Dornier avait eu constamment son domicile à Paris, dans la période de son existence écoulée entre 1834 et 1850 ;

Qu'il est certain au contraire que, dès 1846, M. Dornier était allé habiter dans la commune de Grenelle, où il a demeuré pendant quatre années consécutives ;

Qu'à cette époque, la commune de Grenelle était séparée de la ville de Paris, à laquelle elle n'a été annexée qu'en 1860, et faisait partie du canton et de l'arrondissement de Sceaux ;

Qu'en 1850, lorsqu'il a acheté le château de Beauplan, M. Dornier a quitté Grenelle et est venu habiter la commune de Saint-Remy-lès-Chevreuse où il a eu constamment sa résidence de fait et son domicile de droit ;

Qu'il n'a pas, à cette époque, repris un appartement et refait une installation à Paris, où il s'est contenté d'avoir un pied-à-terre dans les conditions décrites ci-dessus ;

Attendu que du moment où il est établi que pendant plus de vingt ans, de 1846 à 1867, M. Dornier a eu son domicile hors de Paris, ce serait aux époux Lalanne à rapporter la preuve qu'à une époque antérieure à l'adoption il avait de fait et d'intention transporté son domicile de Saint-Remy-lès-Chevreuse à Paris ;

Que cette preuve ils sont dans l'impuissance de la rapporter ;

Attendu que l'on ne saurait se prévaloir de cette circonstance qu'en 1846 en se fixant à Grenelle et, en 1850, en venant habiter le château de Beauplan, dans la commune de Saint-Remy-lès-Chevreuse, M. Dornier n'aurait fait, ni à la municipalité du lieu qu'il quittait, ni à celle du lieu où il transférait son domicile, la déclaration exigée par l'article 104 du Code civil pour établir la preuve de son intention de changer de domicile ;

Que M. Dornier, en quittant son domicile d'origine pour venir à Paris, n'a pas fait la déclaration dont s'agit, qu'il ne l'a pas faite d'avantage lorsqu'il a été habiter Grenelle et Beauplan, qu'il ne l'a pas faite non plus à l'époque où, suivant les intimés, vers l'année 1866, il serait venu fixer son domicile à Paris ;

Qu'en appliquant l'article 104 du Code civil, M. Dornier aurait donc toujours conservé légalement son domicile d'origine ;

Qu'à défaut de déclaration expresse, il faut, conformément à la disposition de l'article 105 du Code civil, rechercher dans les circonstances la preuve de l'intention de M. Dornier de fixer son domicile dans un lieu ou dans un autre;

Qu'il a été complétement démontré ci-dessus que le domicile de M. Dornier n'a pas cessé jusqu'à sa mort d'être de fait et d'intention au château de Beauplan, dans la commune de Saint-Rémy-lès-Chevreuse;

§

Attendu que l'adoption de Mme Lalanne par M. Dornier, nulle comme ayant été faite dans un lieu où M. Dornier n'avait pas son domicile, a été accompagnée de circonstances qui enlèvent à cet acte solennel le caractère de publicité et de dignité que la loi a entendu lui donner;

Attendu que si Mme Lalanne a pu établir devant les premiers juges que M. Dornier lui avait fourni les secours et donné des soins pendant sa minorité, dans le sens rigoureux de la loi, elle est dans l'impuissance de justifier qu'elle ait jamais reçu de lui aucune marque d'affection;

Qu'au contraire, peu de mois avant l'adoption, M. Dornier avait manifesté les sentiments les plus hostiles à l'égard des époux Lalanne, et que, peu de temps après l'adoption, il a rompu de nouveau avec eux d'une manière éclatante et ne s'est pas réconcilié avant son décès;

Attendu que l'adoption a eu lieu sans que personne, parmi les amis ou les parents de M. Dornier, en fût informé, et que cet acte n'a été porté à leur connaissance que longtemps après qu'il était accompli;

Attendu que c'est évidemment avec intention que M. Dornier a tenu cet acte secret;

Que c'est pour lui assurer un caractère de clandestinité que M. Dornier a voulu faire l'adoption et les actes qui devaient la précéder à Paris, où elle pouvait passer inaperçue, plutôt que devant le notaire et le juge de paix de Chevreuse et sous le contrôle du tribunal civil de Rambouillet;

Que M. Dornier avait des motifs sérieux de penser que l'adoption faite au lieu de son domicile aurait pu avoir pour lui des inconvénients auxquels il voulait se soustraire;

Qu'enfin, il savait que certaines circonstances de son existence, publiquement connues dans l'arrondissement de Rambouillet, et qui ont été assurément ignorées des magistrats du tribunal civil de la Seine et de la Cour de Paris, n'auraient pas permis au Tribunal de Rambouillet, après avoir fait les vérifications prescrites par l'article 355 du Code civil, de l'admettre au bénéfice et à l'honneur d'une adoption;

Attendu que c'est pour échapper à ces difficultés et pour éviter ces obstacles que l'on a profité de ce que M. Dornier avait conservé un pied-à-terre à Paris pour venir y faire l'acte d'adoption;

Que l'on a eu soin de choisir un notaire autre que celui qui avait habituellement la confiance de M. Dornier et que l'on s'est adressé, pour dresser l'acte de notoriété, au notaire de M. Lalanne qui n'avait jamais eu aucunes relations directes ou indirectes avec M. Dornier;

Que la procédure, pour parvenir à l'homologation de l'adoption, a été suivie devant le Tribunal de la Seine et devant la Cour de Paris, par des avoués autres que ceux qui étaient habituellement chargés des affaires de M. Dornier;

Que sur les sept personnes appelées devant le notaire pour certifier qu'il était à leur connaissance que M. Dornier avait donné des soins à Mme Lalanne pendant sa minorité, quatre étaient absolument inconnues à M. Dornier;

§

Attendu que, dans l'acte de notoriété, dans l'acte d'adoption, dans le jugement d'homologation et dans l'arrêt confirmatif, comme dans la procédure faite pour obtenir ces décisions judiciaires, M. Dornier a été désigné avec les prénoms de *Jean-Charles* seulement;

Que depuis son enfance, dans sa famille et parmi ses amis, M. Dornier avait reçu le surnom d'*Alfred* et n'était connu que sous le nom d'*Alfred Dornier*;

Que dans tous les actes qui le concernent il est désigné sous les noms de *Jean-Charles*, dit *Alfred Dornier*;

Que toutes les fois que dans la correspondance ou dans les actes qu'il a passés, il a fait précéder son nom de son prénom dans sa signature, il s'est uniquement qualifié lui-même *Alfred Dornier* :

Que l'omission du prénom d'*Alfred*, de l'appellation par laquelle M. Dornier était habituellement désigné, qu'elle ait été intentionnelle ou non, si elle n'a pas eu pour résultat d'entraîner une erreur sur l'identité de la personne de l'adoptant, a pu avoir tout au moins cette conséquence de rendre illusoires les vérifications auxquelles ont dû se livrer les magistrats investis de la mission de recevoir l'acte d'adoption et de l'homologuer ;

Attendu que le concours de ces circonstances réunies au fait que l'adoption a eu lieu dans une commune où M. Dornier n'était pas domicilié et devant un juge de paix autre que celui de son domicile, ne laisse place à aucun doute sur la nullité de l'adoption de Mme Lalanne par M. Dornier;

Que dans le cas où certains des faits relevés par les appelants ne parattraient pas à la Cour dès à présent complétement établis, ils offrent d'en faire la preuve par témoins ;

PAR CES MOTIFS :

Recevoir les concluants appelants du jugement sus-énoncé et daté ; dire qu'il a été mal jugé, bien appelé ; mettre ledit jugement à néant ; émendant, décharger les appelants des dispositions et condamnations contre eux prononcées ;

Statuant à nouveau et faisant ce que les premiers juges auraient dû faire :

Déclarer nul comme ayant été passé devant un juge de paix incompétent l'acte d'adoption fait par M. Jean-Charles dit Alfred Dornier de Mme Lalanne devant le juge de paix du neuvième arrondissement de Paris, le 28 décembre 1867 ;

Déclarer également au besoin nul comme incompétemment rendu le jugement du Tribunal civil de la Seine, du 25 janvier 1868, qui a déclaré valable cette adoption, et, comme conséquence, déclarer nul l'arrêt de la première chambre de la Cour d'appel de Paris du 14 mars 1868 ;

Dire et déclarer que la dame Félicie-Caroline Lardier, femme Lalanne, n'a pas le droit de se prévaloir de l'adoption dont s'agit ;

La débouter, ainsi que son mari, de toutes prétentions contraires ;

Ordonner la restitution de l'amende et condamner les intimés en tous les dépens de première instance et d'appel, dont distraction au profit de Me Bailly, avoué, aux offres de droit ;

Subsidiairement :

Donner acte aux concluants de ce qu'ils articulent et offrent de prouver, tant par titres que par témoins, les faits suivants :

1° Que, depuis l'année 1846, M. Jean-Charles dit Alfred Dornier a cessé d'habiter Paris et a fixé son domicile dans la commune de Grenelle (canton de Sceaux);

2° Qu'en 1850, après avoir acheté le château de Beauplan, dans la commune de Saint-Remy-lès-Chevreuse (Seine-et-Oise), M. Dornier y a transporté son domicile ;

3° Que, depuis cette époque jusqu'à son décès, M. Dornier a eu sa résidence effective et pendant toute l'année au château de Beauplan et qu'il ne le quittait qu'accidentellement pour le besoin de ses affaires;

4° Que dans le pays on a toujours considéré M. Dornier comme domicilié à Beauplan ;

5° Que c'est à Saint-Remy-lès-Chevreuse qu'il était imposé pour la contribution personnelle, et que c'est dans cette commune qu'il exerçait ses droits civils et politiques, qu'il a été porté sur la liste du jury, et qu'il a continué à y exercer ses droits politiques, même après avoir fait, en 1866, la déclaration à la mairie qu'il voulait transporter son domicile politique à Paris ;

6° Qu'il n'avait à Paris qu'un pied-à-terre où il venait passagèrement, à de rares intervalles, et pour quelques jours seulement ;

7° Qu'il n'avait à Paris aucun domestique attaché à sa personne, qu'il n'y a jamais eu ni voitures ni chevaux ;

8° Que lorsqu'il couchait dans son appartement de la rue Caumartin il faisait faire son ménage par la concierge de la maison ;

9° Qu'il prenait ses repas au restaurant ;

10° Qu'il n'avait à Paris aucune de ces provisions qui accompagnent nécessairement, eu égard à sa position, le domicile véritable, telles que provisions de bois, de vin et autres analogues;

Que lorsqu'il voulait faire du feu dans son appartement il faisait acheter du bois chez le marchand de bois et charbon qui en apportait une charge remplissant à peine un petit placard placé à l'entrée de son appartement ;

11° Qu'il n'avait non plus dans ce pied-à-terre ni batterie de cuisine, ni vaisselle, ni cristaux, ni ustensiles de ménage, ni en un mot rien de ce qui constitue une installation ;

12° Qu'il n'y recevait jamais personne en dehors des visites d'affaires et que toutes ses réceptions d'amis avaient lieu à Beauplan ;

13° Qu'il considérait lui-même tellement son habitation de Beauplan comme son domicile réel qu'à plusieurs reprises il avait recommandé à son concierge de déclarer, lorsque l'on se présenterait rue Caumartin pour le recensement de la population ou pour les quêtes du bureau de bienfaisance, qu'il n'avait à Paris qu'un pied-à-terre et que son domicile était à Beauplan ;

14° Qu'après l'acquisition de la petite maison rue Pasquier, il n'a rien changé à son mode d'installation et à sa manière de vivre quand il venait à Paris ;

15° Que l'acte de notoriété qui a précédé l'adoption a été passé à Paris, chez un notaire autre que celui de M. Dornier, lequel cependant avait reçu le contrat de mariage de M. et Mme Lalanne, et que les avoués chargés de suivre la procédure, tant au Tribunal qu'à la Cour, n'étaient pas les avoués ordinaires de M. Dornier ;

16° Que la plupart des témoins signataires de l'acte de notoriété ne connaissaient pas M. Dornier et n'étaient pas connus de lui ;

17° Que M. Dornier était uniquement connu sous le nom d'Alfred Dornier, et que personne ne le désignait jamais avec les prénoms de Jean-Charles ;

18° Que M. Dornier vivait notoirement à Beauplan, lieu de son domicile, dans des conditions qui n'auraient pas permis au Tribunal de Rambouillet de donner un avis favorable à l'adoption projetée ;

19° Que le terrain acheté par M. Dornier au cimetière du Nord n'était pas destiné à une sépulture de famille, que le caveau ne contenait que deux places, et que Mme Lalanne ayant perdu un enfant âgé de neuf ans, M. Dornier n'a pas permis que cet enfant restât définitivement inhumé dans son caveau ;

20° Que pendant l'occupation prussienne M. Dornier est resté au château de Beauplan ;

Et attendu que les faits susénoncés sont pertinents et admissibles ;

Autoriser les concluants à en faire la preuve par voie d'enquête ordinaire, tant par titres que par témoins ;

Commettre l'un de Messieurs pour procéder à ladite enquête ;

Pour ladite enquête faite et rapportée, être par les parties requis et par la Cour statué ce qu'il appartiendra ;

Dépens en ce cas réservés ;

Sous toutes réserves généralement quelconques de fait et de droit ;

Et ce sera justice.

BAILLY.

DISPOSITIF DU JUGEMENT

Le Tribunal :

Ouï en leurs conclusions et plaidoiries Péronne, avocat, assisté de Maza, avoué de Georges-Alfred Dornier, de Marie-Joséphine-Alexandrine Dornier, de la veuve Billardet, de Adhémar Dornier et de la veuve Archambault de Beaune, et Rousse, avocat, assisté de Delacourtie, avoué des époux Lalanne, le ministère public entendu, après en avoir délibéré conformément à la loi, jugeant en premier ressort ;

Joint les causes, attendu leur connexité, et statuant par un seul et même jugement ;

Attendu que les demandeurs poursuivent la nullité de l'acte d'adoption intervenu devant le juge de paix du 9ᵉ arrondissement de la ville de Paris, le 28 décembre 1867, entre Dornier et la dame Lalanne, par le double motif qu'à cette époque l'adoptant n'avait pas son domicile à Paris, et qu'il n'aurait pas donné à l'adoptée des soins non interrompus pendant le temps fixé par la loi ;

Attendu, sur le premier point, qu'il n'est pas contesté que de 1834 à 1850, époque à laquelle il s'est rendu acquéreur de la propriété de Beauplan, dans la commune de Saint-Remy-lès-Chevreuse (Seine-et-Oise), Dornier a eu son domicile à Paris ;

Qu'il incombe aux demandeurs d'établir qu'en 1850 et depuis, Dornier a de fait et d'intention transféré son domicile de Paris à Saint-Remy-lès-Chevreuse ;

Qu'il résulte bien des documents par eux produits que l'adoptant avait une résidence suivie à Beauplan, et qu'il a même eu pendant nombre d'années son domicile politique dans la commune de Saint-Remy-lès-Chevreuses, mais qu'il est établi en même temps que dans des actes nombreux, se plaçant par leurs dates avant et après l'adoption, il a in-

diqué son domicile à Paris, qu'il y a conservé une installation personnelle, et acquitté par conséquent la contribution mobilière;

Qu'en 1866, il y a fait l'acquisition d'un terrain pour sa sépulture, et
la même année transféré par une déclaration expresse son domicile
politique;

Qu'enfin, et en dernier lieu, il s'y est rendu acquéreur d'un immeuble
important, rue Pasquier;

Que dans ces circonstances les demandeurs ne rapportent pas la preuve
qui leur incombe;

Attendu, sur le second point, qu'il résulte des pièces produites par la
femme Lalanne, et notamment de sa correspondance avec Dornier et
avec des tiers, que celui-ci a pourvu à ses besoins dès sa naissance, et
que, plus tard, il a de même pourvu à son éducation, et qu'il lui a
donné ainsi, au moins jusqu'à l'époque de son mariage, les secours et
les soins exigés par l'article 345 du Code civil;

Attendu qu'en cet état les faits articulés par les demandeurs n'ont
plus la pertinence nécessaire, et qu'il n'y a lieu d'en ordonner la
preuve;

PAR CES MOTIFS :

Déclare Alfred Dornier et consorts mal fondés dans toutes leurs dé-
mandes, fins et conclusions;

Les en déboute et les condamne aux dépens dont il est fait distraction
au profit de Me Delacourtie, avoué, qui l'a requise sous l'affirmation de
droit.

52241   Paris. — Typ. et Lith. Vᶜᵉ Renou, Maulde et Cock, rue de Rivoli, 144.